Einsterns Schwester

Themenheft 3
Schreiben

Herausgegeben von
Roland Bauer, Jutta Maurach

Erarbeitet von
Iris Samajdar, Augsburg

Auf der Grundlage der Ausgabe von
Katrin Baudendistel
Daniela Dreier-Kuzuhara

Cornelsen

Inhaltsverzeichnis

So kannst du mit den Heften arbeiten

Du machst alle
Seiten der Lernportion 1:

zuerst im grünen Heft,	dann im roten Heft,	dann im gelben Heft	und dann im blauen Heft.

Danach machst du in
allen Heften die Lernportion 2.

Nun machst du in
allen Heften die Lernportion 3.

Genauso bearbeitest du
alle anderen Lernportionen.

1 Über das Lernen nachdenken

1 Sieh dir die Mindmap (das Cluster) an.

2 Kläre Begriffe, die du nicht kennst.
Frage bei deinen Mitschülern nach.

3 Übertrage die Mindmap in dein Heft.
Ergänze mit eigenen Begriffen.

4 Schreibe in eine Tabelle, was dir das Lernen erleichtert und wie du nicht gerne lernst.
Benutze Begriffe aus deinem Cluster und begründe.

5 Suche dir weitere Kinder.
Tauscht eure Pro-/Contra-Listen aus und sucht nach Gemeinsamkeiten und Unterschieden.

→ AH Seite 9

1 Gruppenarbeit planen

1 Denke an Aufgaben und Situationen, in denen du in der Schule schon in der Gruppe gearbeitet hast. Schreibe auf.

Heft 3 Seite 6 Aufgabe 1
Referat, …

2 Suche dir ein Partnerkind. Legt gemeinsam Regeln fest, die ihr für die Gruppenarbeit braucht.

Heft 3 Seite 6 Aufgabe 2
leise arbeiten
Aufgaben gerecht verteilen
…

3 Suche dir mit deinem Partnerkind weitere Kinder.

- Tauscht euch über eure Ergebnisse aus 2 aus.
- Erstellt gemeinsam ein Plakat mit euren Regeln: Gestaltet das Plakat übersichtlich. Achtet auf gute Lesbarkeit auch von Weitem! Benutzt Druckschrift.
- Ergänzt das Plakat mit Regeln für die Partner- und Einzelarbeit.

4 Findet weitere Formulierungshilfen zu den angegebenen Beispielen. Ergänzt euer Plakat aus 2 oder gestaltet ein weiteres.

- Nicht-Verstehen: Erkläre bitte, …
- Rückmeldung: Mein Vorschlag wäre, …
- Andere Meinung: Ich sehe das anders, weil …
- …

1 Argumente sammeln und vorstellen

① Suche dir weitere Kinder. Ordnet in eurer Gruppe die Aussagen zur Gruppenarbeit in Pro- und Contra-Argumente. Ergänzt die Tabelle mit eigenen Argumenten.

Heft 3 Seite 7 Aufgabe 1

+	–
…	…

Bei der Gruppenarbeit macht jeder das, was er am besten kann!

Das wird schnell langweilig.

So machen wir keine Fehler.

Dann haben wir die Aufgabe schnell geschafft.

Man lernt nichts dabei.

② Nummeriert die Argumente von ① nach ihrer Wichtigkeit. Nennt das wichtigste Argument zuletzt. Versucht zusätzlich, ein Beispiel aus eurem Klassenalltag zu finden.

Heft 3 Seite 7 Aufgabe 2

+	–
…	…

③ Stellt eure Argumente anderen Kindern vor.
Führt zunächst die Argumente vor, die nicht eurer Meinung entsprechen.
Stellt dann die Argumente vor, die eure Meinung wiedergeben.

Wenn du redest, achte auf Folgendes:
- Sprich deutlich.
- Suche Blickkontakt zu deinen Zuhörern.
- Achte auf deine Körperhaltung.

1 Über einen Vorgang reflektieren

1 Suche dir mit weiteren Kindern die angegebenen Materialien zusammen.
Baut aus den Materialien einen möglichst hohen Turm.

10 Blatt Zeitungspapier
1 Notizpapier
1 große Pappe
1 Bleistift
Scheren
1 Rolle Klebeband
20 Minuten Zeit

2 Schreibe auf, für welche Aufgabe
du verantwortlich warst.

Heft 3 Seite 8 Aufgabe 2
...

3 Schreibe in Stichpunkten auf,
wie zufrieden du mit dem gemeinsamen
Ergebnis und mit dir selbst warst.

Heft 3 Seite 8 Aufgabe 3
Gemeinsames Ergebnis: ...

Gemeinsames Ergebnis: ☺ 😐 ☹

Planung: ☺ 😐 ☹

Idee: ☺ 😐 ☹

Bauphase: ☺ 😐 ☹

Meine Aufgabe: ☺ 😐 ☹

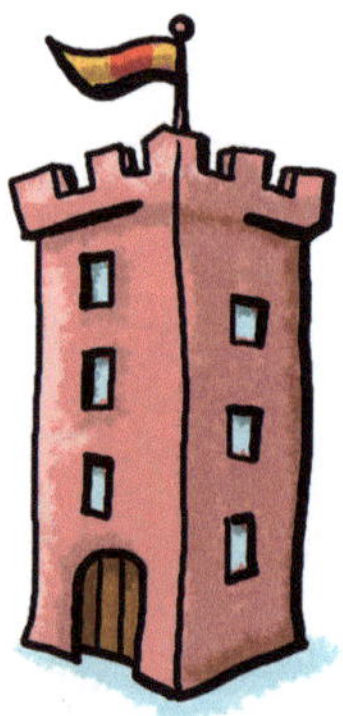

4 Schreibe auf, was du beim nächsten Mal
besser machen willst.

Heft 3 Seite 8 Aufgabe 4
...

2 Den Aufbau einer Spielanleitung kennen lernen

Eine **Spielanleitung** schreibst du in der Gegenwart.
Schreibe sachlich und genau.
Denke an eine sinnvolle Reihenfolge.

1 Lies den Leitfaden für das Schreiben einer Spielanleitung genau durch.

Eine **Mindmap** (Cluster) erstellen:

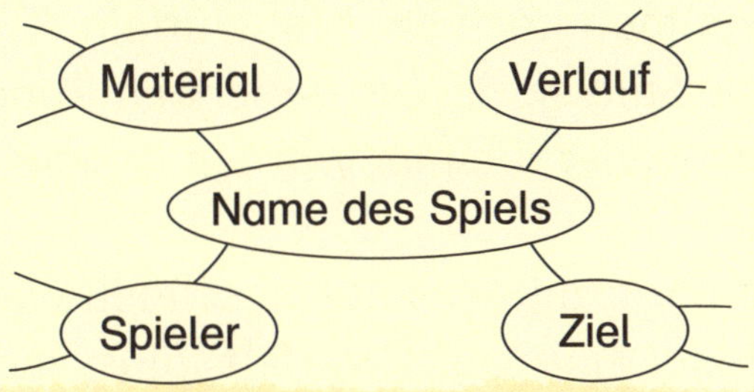

Den **Spielverlauf** beschreiben:
- die Vorbereitung
- den Spielbeginn
- das Spielende
- die Regeln

Spielanleitung **überprüfen:**
- Zeitform: Gegenwart
- vollständige Angaben
- abwechslungsreiche Satzanfänge

Einleitende **Informationen** geben:
- Art des Spiels: Brettspiel
- Name: „Mensch ärgere dich nicht“
- Ziel: Figuren als Erster ins Zielfeld bringen
- Mitspieler: 2–4
- Alter: ab 5 Jahren
- Spielmaterial: Spielbrett, Würfel, Spielfiguren

Eine **Empfehlung** aussprechen und die Wahl des Spiels begründen:
Ich spiele „Mensch ärgere dich nicht“ gerne, weil …

2 Schreibe in dein Heft alle einleitenden Informationen zu deinem Lieblingsspiel.

→ AH Seite 15

2 Eine Mindmap zu einem Spiel erstellen

1 Lies die Spielanleitung genau durch.

Spielanleitung für „Mensch ärgere dich nicht"

„Mensch ärgere dich nicht" ist ein bekanntes, altes Gesellschaftsspiel von Josef Friedrich Schmidt. Es geht darum, alle vier Figuren als Erster ins Zielfeld zu bringen. Das Spiel ist für zwei bis vier Spieler ab fünf Jahren geeignet. Es gibt ein Spielbrett, 16 Spielfiguren und einen Würfel. Jeder Spieler erhält vier Figuren in einer Farbe. Wer die höchste Zahl würfelt, beginnt. Jeder Spieler darf dreimal würfeln. Wer eine Sechs hat, darf die erste Figur auf das Startfeld stellen. Danach kann man noch ein Mal würfeln und um die gewürfelte Zahl vorrücken. Jene Spieler, die bei der ersten Runde keine Sechs gewürfelt haben, müssen dann wieder dreimal würfeln, bis sie die erwünschte Zahl 6 würfeln.

Sobald man eine Figur auf der Startposition hat, gilt es diese so schnell wie möglich ins Ziel zu bringen. Wenn man wieder eine Sechs würfelt, muss man damit zuerst die restlichen Figuren aus der Startposition bringen und auf das Startfeld setzen. Erst wenn alle Figuren im Umlauf sind, kann man die Sechs auch vorrücken.

Kommt man mit einer Figur auf ein Feld, auf dem bereits eine Figur steht, kann man diese hinauswerfen. Diese Spielfigur muss wieder auf die Anfangsposition zurück. Steht auf einem Feld, auf das man vorrücken möchte, eine eigene Figur, muss man den Zug mit einer anderen Figur machen, denn man kann sich nicht selbst hinauswerfen.

Es müssen alle Spielfiguren in die Zielfelder gebracht werden, nachdem sie den vollen Kreis zurückgelegt haben. Dabei darf man die Figuren, die schon im Ziel sind, nicht überspringen, sondern jede Figur muss einzeln nachrücken, damit alle Spielfiguren auf den Zielfeldern Platz finden.

2 Zeichne die Mindmap (Cluster) in dein Heft und ergänze sie mit Informationen aus der Spielanleitung von 1.

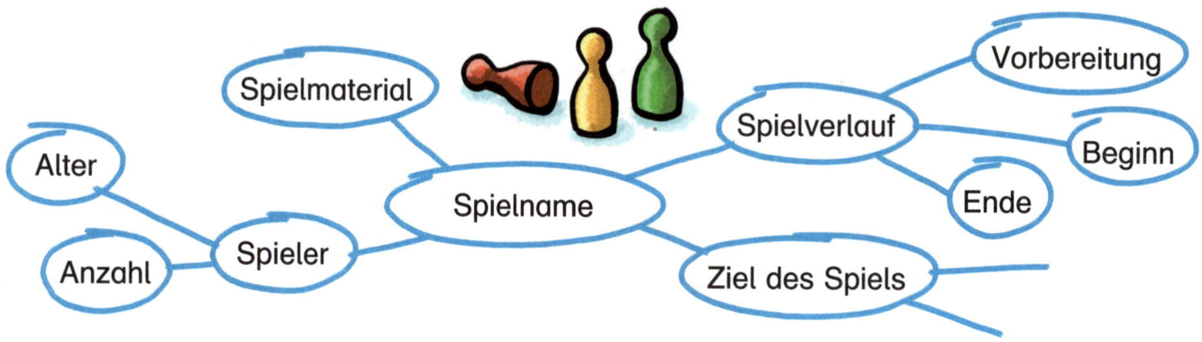

→ AH Seite 16

2 Ein Lola-Spiel entwerfen

1 Suche dir ein Partnerkind.
Erstellt gemeinsam eine Mindmap (Cluster).
Überlegt euch folgende Dinge:
- Name des Spiels
- Ziel des Spiels
- Anzahl der Spieler und Alter
- Spielmaterial (z. B. Spielfiguren, Spielplan ...)
- Vorbereitung des Spiels
  (z. B. Karten mischen, ...)
- Spielbeginn
  (z. B. 3-mal würfeln, ...)
- Spielverlauf
  (z. B. Ereigniskarten ziehen, ...)
- Spielende

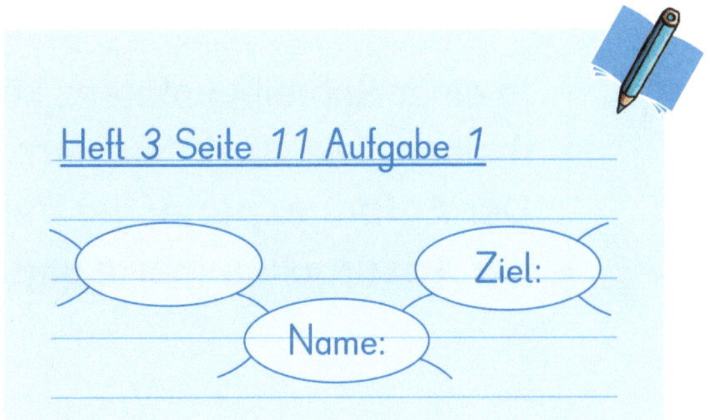

2 Schreibt mithilfe des Leitfadens von Seite 9 und eurer Mindmap eine Spielanleitung für euer Spiel auf eine Karteikarte oder ein leeres Blatt.

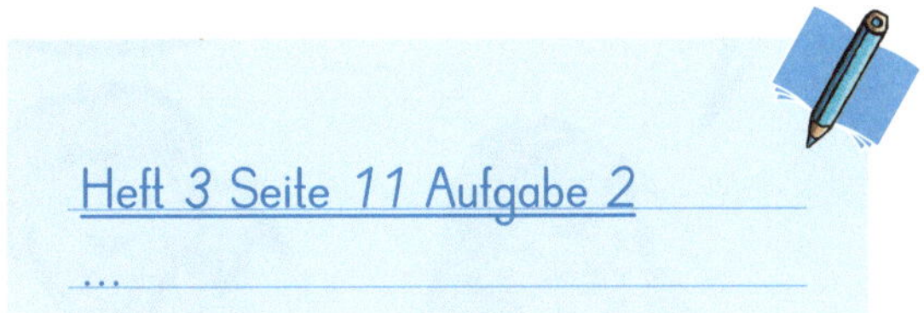

3 Erstellt das benötigte Material, zum Beispiel den Spielplan oder Ereigniskarten oder ...
Probiert das Spiel dann aus.

4 Überprüft beim Spielen, ob die Spielanleitung alle Regeln enthält und das Spiel funktioniert. Verbessert, wenn nötig.

5 Schreibe auf, was dir beim Entwickeln deines Lola-Spiels besonders Spaß gemacht hat.

2 Eine Schreibkonferenz durchführen

In einer Schreibkonferenz können mir Experten helfen, meinen Text zu verbessern:
Der **Aufbauexperte**, der **Verständnisexperte**, der **Ausdrucksexperte** und der **Rechtschreibexperte**.

1 Suche dir vier Kinder, die als Experten deine Spielanleitung von Seite 11 überarbeiten.

2 Überarbeite deine Spielanleitung mithilfe der Ratschläge deiner Experten.
Achte bei der Überarbeitung auf eine übersichtliche Darstellung:
Baue Absätze ein, zum Beispiel nach der Vorbereitung, dem Spielbeginn oder den Regeln.

3 Legt in der Klasse eine Kartei, eine Spielkiste oder einen Hefter an.
So könnt ihr eure Spielanleitungen sammeln.

2 Eine Spielanleitung überarbeiten

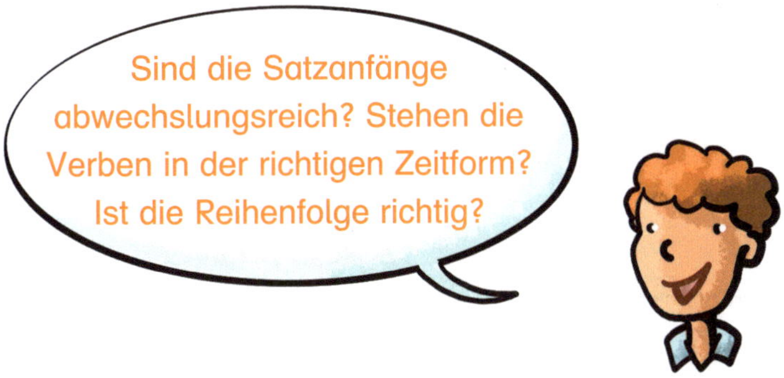

1 Überprüfe die Spielanleitung als **Ausdrucksexperte** mithilfe des Leitfadens von Seite 9.
Mache mindestens drei Verbesserungsvorschläge.

Heft 3 Seite 13 Aufgabe 1
...

Bingo

Bingo ist ein einfaches Glücksspiel. Bei Bingo hatte derjenige gewonnen, der in seinem Raster zuerst eine Reihe bzw. Spalte markieren konnte und „Bingo“ gerufen hat.
Bingo besteht aus 20 Wortkarten und leeren Bingofeldern. Eine **Bingokarte** bestand aus vier Reihen und vier Spalten, also 16 Feldern.
Bei Bingo wird ein Spielleiter festgelegt. Bei Bingo suchte sich jeder Spieler aus den Wortkarten Wörter aus, die er in seine Bingokarte in einer beliebigen Reihenfolge einträgt. Das Spiel beginnt, wenn der Spielleiter eine Wortkarte zieht.
Sobald ein aufgerufenes Wort auf der Bingokarte war, musste der Spieler dieses umkreisen. Dies wird so lange gemacht, bis ein Spieler eine Reihe oder Spalte seiner Bingokarte markiert hat. Dieser ruft dann laut „Bingo“! Nach Überprüfung seiner Bingokarte hatte derjenige Spieler gewonnen.
Mir gefällt Bingo gut, weil man dabei Wörter übt und es Spaß macht.
Besonders lustig ist es, wenn zwei Spieler gleichzeitig „Bingo“ rufen.

Lukas, 10 Jahre

2 Spiele das Spiel aus 1 mit mindestens zwei anderen Kindern.

a) Findet 20 Wörter mit **s**, **ss** oder **ß** in der Wörterliste im Themenheft 2 oder in einem Wörterbuch und schreibt sie auf einzelne Wortkärtchen.

b) Ein Kind ist Spielleiter und nimmt die Wortkärtchen. Die anderen zeichnen eine Bingokarte auf ein Blatt Papier.

c) Wechselt nach einer Runde den Spielleiter.

3 Einen Bericht kennen lernen

Einen **Bericht** schreibst du in der 1. Vergangenheit. Schreibe sachlich, ohne Gefühle und wörtliche Rede.

Denke an die richtige zeitliche Abfolge.

1. Lies den Leitfaden zum Bericht genau durch.

Den Anlass als **Überschrift** verwenden:
Unfall in der Hauptstraße

Einleitende W-Fragen kurz und knapp beantworten:
Wann? Samstag, 14. November, 14:23 Uhr
Wo? Bayreuth, Kreuzung Steinstr./Hauptstr.
Wer? Beteiligte: Fahrradfahrer/Autofahrer
Zeugen: Tobias M., Hanna S.

Genauere W-Fragen ausführlich beantworten:
Was? Auto fährt auf Kreuzung gegen Kind mit Fahrrad
Wie? Autofahrer übersieht die rote Ampel
Warum? Autofahrer wird von Sonne geblendet

Einen **abschließenden Satz** schreiben:
Welche Folgen gab es?
Das Kind brach sich den linken Arm.

Bericht **überprüfen**:
- Zeitform: 1. Vergangenheit
- zeitliche Reihenfolge
- unterschiedliche Satzanfänge

2. Schreibe mithilfe der blauen Beispielwörter aus dem Leitfaden einen Unfallbericht.

Heft 3 Seite 14 Aufgabe 2
Unfall in der Hauptstraße
Am Samstag, den 14. November …
…

3. Setze dir ein Lernziel für diese Lernportion. Schreibe es auf. Schätze am Ende der Lernportion ein, ob du es erreicht hast.

3 Einen Bericht schreiben

1 Vergleiche beide Texte mithilfe einer Tabelle. Entscheide, welcher Text ein guter Bericht ist.

Heft 3 Seite 15 Aufgabe 1

	Text 1	Text 2
Überschrift: sachlich/treffend	✓	–
Wann?		
Wo?		
Wer?		
Was?		
Wie?		
Warum?		
Reihenfolge		
Sachlichkeit		
Zeitform: 1. Vergangenheit		
Wörtliche Rede		
Schluss: Folgen des Unfalls		

1

Gebrochener Arm im Sportunterricht

Kürzlich geschah ein Sportunfall. Ralf bricht sich den Arm. Jetzt trägt er den Arm in Gips. Er will über den Kasten springen, da passiert es! Mit eigenen Augen sehe ich, wie er plötzlich herunterfällt. „Oh nein!“, rief ich. Mir wird ganz schlecht vor Schreck. Ralf hat geschrien, bis der Krankenwagen kam.

2

Autsch – das tat weh!

Am 17. Mai um 09.09 Uhr verunglückte in der Turnhalle Ralf Schneider während unserer Sportstunde.
Wir übten gerade das Springen über den Kasten. Ralf war an der Reihe und lief schnell an. Als er sich auf dem Kasten mit beiden Händen abstützen wollte, rutschte er ab. Er stürzte kopfüber herunter und prallte heftig mit dem rechten Arm auf die Turnmatte. Unter Tränen klagte er über starke Schmerzen im Unterarm. Herr Schweikert legte ihn vorsichtig in die stabile Seitenlage und rief sofort den Krankenwagen an. Im Krankenhaus wurde festgestellt, dass Ralf sich den rechten Unterarm gebrochen hat.

2 Nimm einen Zettel.

a) Schreibe mithilfe des Leitfadens von Seite 14 einen Bericht zum Thema **Unfall** oder **Ausflug** oder zu einem Thema deiner Wahl. Achte auf ein schönes Schriftbild und Übersichtlichkeit.

b) Stelle deinen Bericht in einer Wandzeitung aus.

→ AH Seite 22

3 Ein Protokoll verfassen

1 Lisa ist Streitschlichterin an ihrer Schule: Sie hilft auf dem Pausenhof, eine friedliche Lösung bei einem Streit zu finden. Lies, was Meral und Luis berichten. Lies das Protokoll, das Lisa nach dem Ereignis erstellt hat.

„Ich habe mit Jenny ruhig während der Pause auf der Bank gesessen. Jenny hat mir ihr neues Halstuch gezeigt, das sie gerade erst zum Geburtstag bekommen hat. Da sind Pferde drauf und es ist wunderschön. Plötzlich ist Luis vorbeigelaufen, hat sich Jennys Halstuch geschnappt und ist damit davongelaufen. Er wollte uns mal wieder ärgern, das macht er ja dauernd. Das nervt so! Wir sind ihm natürlich hinterhergelaufen und ich habe ihn auch am T-Shirt erwischt. Jenny wollte ihm das Halstuch entreißen, aber er hat es festgehalten. Da hat Jenny ihm mit der Faust in den Bauch geschlagen in ihrer Wut. Und da ist Luis auf einmal ganz rot geworden und hat nach Luft geschnappt. Aber er hat es verdient!"

„O.k., ich wollte Meral und Jenny ärgern, deshalb habe ich ihnen das Halstuch weggenommen. Aber Meral hat mir dann beinahe das T-Shirt zerrissen und Jenny hat so fest zugeschlagen, dass ich gar keine Luft mehr bekommen habe! Die spinnt doch! Verstehen die beiden etwa gar keinen Spaß?"

Protokoll vom 10.09.

Teilnehmer: Meral, Jenny und Luis
Streitschlichterin: Lisa
Anlass: Luis hat Jenny ein Halstuch weggenommen,
Jenny hat daraufhin Luis geschlagen.

Ergebnis des gemeinsamen Gespräches:
Luis verpflichtet sich, Meral und Jenny und überhaupt niemanden mehr zu ärgern. Sachen wegnehmen ist kein Spaß, sondern gemein.
Jenny verpflichtet sich, nicht mehr zu schlagen.

Sonstige Vereinbarungen:
Meral verpflichtet sich ebenfalls, bei einem Streit eine friedliche Lösung zu suchen. Meral und Jenny müssen sich in solchen Situationen Hilfe durch einen Streitschlichter oder einen Lehrer/eine Lehrerin suchen.

Unterschrift der Teilnehmer:
Meral Jenny Luis

Vereinbarter Termin für eine Nachbesprechung: 20.09.

2 Suche dir ein Partnerkind.
Überlegt gemeinsam, wie Lisa das Ereignis in ein Protokoll umgewandelt hat.

3 Versuche, nach dem gleichen Muster wie auf Seite 16 ein Protokoll für das beschriebene Ereignis zu schreiben.
Du kannst auch ein Ereignis aus deinem Alltag wählen.

Heft 3 Seite 17 Aufgabe 3
…

Nina, Marie, Simon, Leonidas und Aris spielen immer in der Pause zusammen. Nina ist dabei die Anführerin. Alle machen, was sie sagt. Sie bestimmt, welches Spiel gespielt wird und wer überhaupt mitspielen darf. In letzter Zeit schließt Nina immer Simon vom Spiel aus. Wenn Simon fragt, warum er nicht mitspielen darf, sagt sie: „Wir wollen eben auch einmal alleine spielen. Du störst uns.“
Simon ist ganz traurig darüber. Aber niemand aus der Gruppe traut sich, ihm zu helfen. Alle haben Angst, dass sie dann auch von Nina ausgeschlossen werden. Einmal wird es ganz schlimm, da schlägt Nina den anderen ein Spiel vor, das heißt „Vor-Simon-Davonlaufen“. Das soll so gehen: Wenn Simon jemanden anschaut, muss derjenige schreiend davonlaufen.
Aber dieses Spiel will Marie nicht mitspielen. Sie findet es so gemein!
Marie geht am 11.03. zu einem Streitschlichter und erzählt ihm von dem Spiel. Der Streitschlichter André holt seine Lehrerin Frau Seidenbichl dazu. Gemeinsam einigen sich alle Beteiligten nach einem langen Gespräch auf folgende Regeln:
Nina darf nicht immer bestimmen, was gespielt wird, die Gruppe stimmt über das Spiel ab. Niemand darf beim Spielen ausgeschlossen werden. Es dürfen außerdem niemals Spiele gespielt werden, bei denen Kinder gekränkt werden. Alle passen gemeinsam darauf auf, dass diese Regeln eingehalten werden. Ein Nachgespräch soll am 21.03. stattfinden.

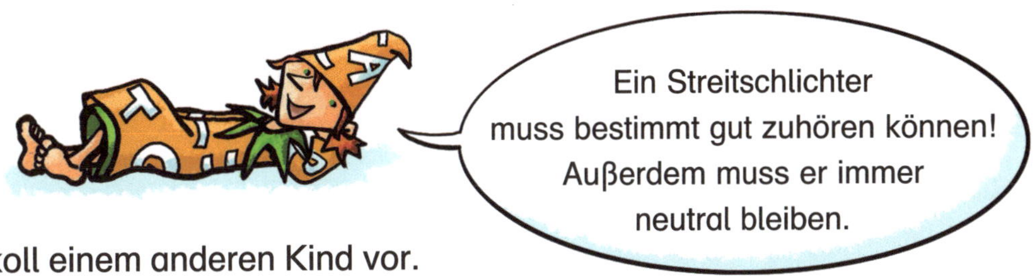

4 Stelle dein Protokoll einem anderen Kind vor.
Vergleicht eure Ergebnisse.

3 Merkmale einer E-Mail kennen lernen

1 Ordne die Wörter den Erklärungen zu.

Wörter	Erklärungen
Header	carbon copy (= Kopie der Mail an einen weiteren Empfänger)
E-Mail	blind carbon copy (= Blindkopie der Mail an weitere, für andere unsichtbare, Empfänger)
Betreff	Kopfzeile einer E-Mail, in der Hinweise auf Absender, Empfänger und Datum stehen
Cc	electronic mail (= elektronische Post)
Bcc	Anliegen einer schriftlichen Nachricht

Heft 3 Seite 18 Aufgabe 1
Header: Kopfzeile einer E-Mail,
in der Hinweise auf Absender,
Empfänger und Datum stehen
...

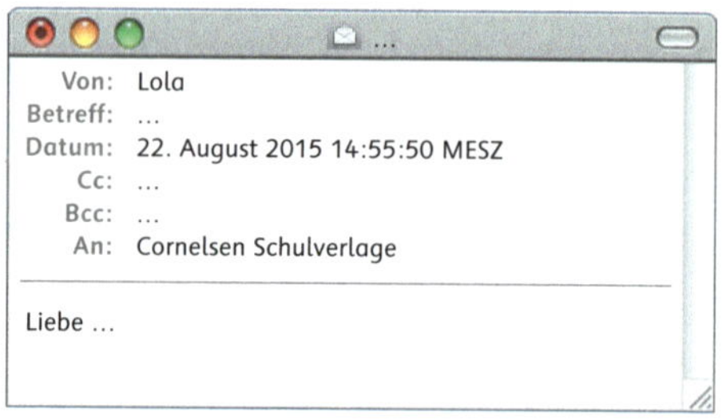

2 Ordne die Betreffzeilen den E-Mails zu oder finde selbst eine Betreffzeile. Schreibe Betreffzeile und Nummer in dein Heft.

Betreff: Verabredung zum Schwimmen

Betreff: Projekt Wale

Betreff: ...

Heft 3 Seite 18 Aufgabe 2
1 = Betreff: ...
2 = ...
...

1

Liebe Lisa,
wollen wir heute Nachmittag um 15 Uhr ins Freibad gehen?

Viele Grüße
Tim

2

Liebe Jule,
möchtest du am Samstag bei mir übernachten? Frage mal deine Eltern, ob du darfst.

Herzliche Grüße von
Antonia

3

Hallo Marie,
wollen wir zusammen in die Bücherei gehen und nach Walbüchern schauen?

Viele Grüße
Lea

→ AH Seite 23

3 Personalpronomen finden und unterscheiden

Personalpronomen können in der Höflichkeitsform vorkommen.
Diese schreibe ich **groß** (Sie, Ihr, Ihre, Ihrem …).
Ich verwende sie, wenn ich an Fremde oder Erwachsene schreibe.
Personalpronomen du, dein, dir, dich, euch …
benutze ich, wenn ich an Freunde und Verwandte schreibe.
Ich kann sie **groß- oder kleinschreiben**.

Von: Emilian
Betreff: liebe Grüße
An: Lorenz

Lieber Lorenz,

vielen Dank für deinen Brief zum Geburtstag. Ich wollte dich anrufen, doch leider habe ich bei euch niemanden erreicht. Ist euer Telefon kaputt? Wann sehen wir uns wieder? Du fehlst mir!

Ich schicke dir ganz liebe Grüße
dein Emilian

Von: K. Baudendistel
Betreff: Sportbefreiung
An: Sportlehrer@pestalozzi-grundschule.de

Sehr geehrter Herr Pfeifer,

bitte entschuldigen Sie, dass mein Sohn Emilian wegen starker Zahnschmerzen nicht an Ihrem Sportunterricht teilnehmen konnte.

Vielen Dank für Ihr Verständnis.

Ich sende Ihnen viele
herzliche Grüße

Ihre Frau Baudendistel

1 Lies die E-Mails durch und achte auf Anredepronomen. Zeichne eine Tabelle. Ordne die sieben persönlichen und die fünf höflichen Anredepronomen richtig zu.

Heft 3 Seite 19 Aufgabe 1

persönlich	höflich
deinen	Sie
…	…

Denke an dein Lerntagebuch.
Hast du dein Ziel erreicht?

2 Schreibe zwei kurze Briefe. Achte auf eine ordentliche Schrift. Füge Absätze ein.

Heft 3 Seite 19 Aufgabe 2
…

a) Schreibe an deine Großeltern. Bedanke dich zum Beispiel für ein Geschenk. Benutze persönliche Anredepronomen.

b) Schreibe an jemanden aus deiner Nachbarschaft. Benutze höfliche Anredepronomen.

3 Abkürzungen entschlüsseln

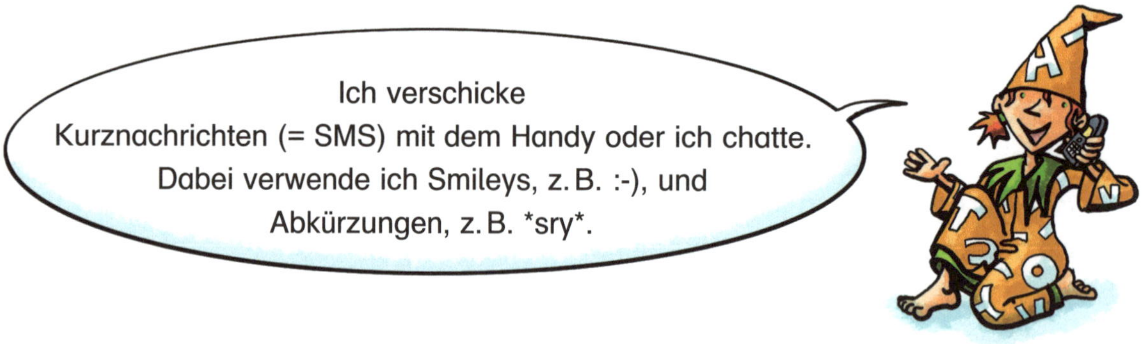

1 Decke die rechte Seite der Tabelle ab. Lies die Abkürzungen. Überlege, was sie bedeuten. Kontrolliere deine Vermutung.

:-)	lachend, froh, glücklich
:-X	kein Kommentar
:-*	Kuss
lol	laut lachen (laughing out loud)
:-$	krank sein
l	lachen
U	du (you)
sry	Entschuldigung (sorry)
2L8	zu spät (too late)
HGW	Herzlichen Glückwunsch
CU	Bis bald (see you)
LG	Liebe Grüße

:-(	traurig, enttäuscht sein
:-O	erstaunt sein
8-o	Oh nein!
fudhuk	fall um den Hals und knuddel
Wil	Was ist los?
g	grinsen
NM	Nachmittag
dwb	dumm wie Brot
hdl	hab dich lieb
WE	Wochenende
n8	Nacht
BB	Tschüss (bye-bye)

2 Entschlüssle diese Nachrichten.

3 Schreibe eine Nachricht an ein anderes Kind und verwende dabei mindestens drei Abkürzungen.

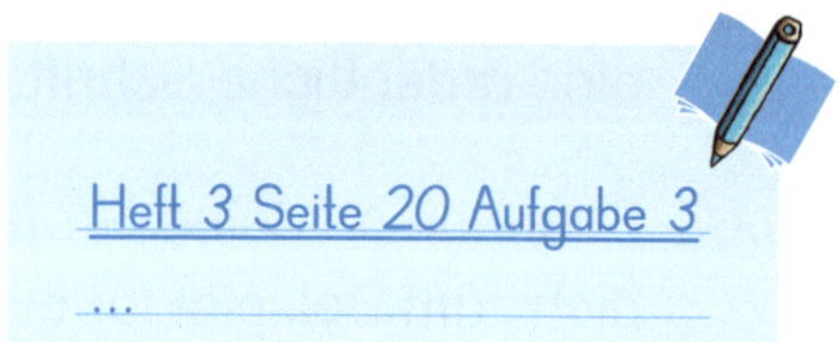

4 Eine Personenbeschreibung kennen lernen

Beschreibe eine Person
in der Gegenwart.
Schreibe sachlich und genau,
ohne Gefühle und wörtliche Rede.

1 Lies den Leitfaden für die Beschreibung einer Person genau durch.

Bezeichne die Person **genau**: Jasmin ist ein junges Mädchen, …

Beschreibe die Person **genau**:

Alter:	etwa zehn Jahre alt, 43 Jahre …
Körperbau:	schmal, groß gewachsen, füllig …
Gesichtsform:	oval, rund, breit …
Augen:	blau, schmal, rund …
Haare:	lang, lockig, glatt …
Nase:	klein, lang, breit …
Mund:	schmale Lippen, breit, …
Ohren:	abstehend, klein, groß, …
Besonderheiten:	Narbe, Sommersprossen …

Kleidung
genau beschreiben:
gelbes, langes Kleid,
braune Schuhe,
Umhängetasche …

Falls es dir bekannt ist, nenne noch **Charaktereigenschaften** oder **Hobbies**:
gut in Sport, liest gern, schüchtern, stark …

Beschreibung **überprüfen**:
- Zeitform: Gegenwart
- treffende Wörter
- ausreichend anschauliche Adjektive

2 Beschreibe einem Partnerkind eine Person aus deiner Klasse.
Dein Partnerkind nennt die Person mithilfe deiner Beschreibung.

4 Eine Person genau beschreiben

① Suche dir von den dargestellten Personen eine aus.
Beschreibe sie genau.
Du kannst die Anregungen im Wortkasten nutzen.

Heft 3 Seite 22 Aufgabe 1
...

gelockt ✶ gewellt ✶ zum Zopf gebunden ✶
geringelt ✶ gestreift ✶ gepunktet ✶
alt ✶ jung ✶ um die 20

② Lies deine Beschreibung einem anderen Kind vor. Wenn es auf die richtige Person zeigt, hast du genau beschrieben. Überarbeite deine Beschreibung, falls notwendig.

③ Zeichne selbst eine Person.
Beschreibe sie genau. Erstelle vor deiner Beschreibung eine Stichpunktsammlung.

Heft 3 Seite 22 Aufgabe 3
...

④ Suche dir einen Ausdrucksexperten und Rechtschreibexperten.
Überarbeite deine Beschreibung von ③ mithilfe der Rückmeldungen.
Schreibe in deiner schönsten Schrift.

Heft 3 Seite 22 Aufgabe 4
...

→ AH Seite 33

4 Eine Gegenstandsbeschreibung kennen lernen

Beschreibe auch einen Gegenstand
in der Gegenwart.
Schreibe sachlich und genau,
ohne Gefühle und wörtliche Rede.

Verwende auch hier treffende Wörter und anschauliche Adjektive.

1 Lies den Leitfaden für die Beschreibung eines Gegenstandes genau durch.

Gegenstand **genau bezeichnen**:
Sporttasche, Füller …

Gegenstand **genau beschreiben**:

Form:	rund, eckig, spitz …
Größe:	groß wie ein Tennisball, winzig …
Farbe:	rot gestreift, hellgrün …
Material:	Kunststoff, Leder, Plastik, Holz, Draht …
Besonderheit:	Aufkleber an der Seite, Kratzer auf der Kappe, Namensschild …

Einzelteile oder Zweck **genau benennen**:
Umhängegurt,
Extrafach für Schuhe,
silberne Kappe …

Beschreibung **überprüfen**:
- Zeitform: Gegenwart
- treffende Wörter
- ausreichend anschauliche Adjektive

2 Wähle einen Gegenstand im Klassenraum.
Beschreibe ihn ganz genau, ohne
den Namen des Gegenstandes zu nennen.
Lass ein Partnerkind den Gegenstand
mithilfe deiner Beschreibung finden.

Heft 3 Seite 23 Aufgabe 2
Mein Gegenstand hat einen
Reißverschluss und zwei
Tragegriffe. Er ist eckig. …

3

4 Treffende Wörter finden

1 Finde genauere Bezeichnungen für diese Nomen. Schreibe mindestens drei weitere Begriffe in dein Heft.

Trinkgefäß | Schuh | Tasche | Schreibwerkzeug

Heft 3 Seite 24 Aufgabe 1
Trinkgefäß = Becher, Tasse, ...
...

2 Finde zu jedem Adjektiv mindestens zwei weitere anschauliche Adjektive zur genaueren Beschreibung.

a) alt: uralt …
b) gelb: sonnengelb …
c) grün: froschgrün …
d) groß: gigantisch …
e) klein: winzig …
f) gemustert: kariert …
g) …
h) …

Heft 3 Seite 24 Aufgabe 2
a) alt: uralt, abgenutzt, gebraucht ...
b) ...

3 Beschreibe kurz die Gegenstände. Benutze treffende Wörter.

A

B

C

D

Heft 3 Seite 24 Aufgabe 3
A Der Ballerinaschuh ist flach mit einer runden Schuhspitze. Er ist aus schwarzem Leder. ...
B ...

4 Suche dir einen Aufbauexperten. Er überprüft, ob du bei 3 den Leitfaden eingehalten hast.

→ AH Seite 34

4 Beschreibungen miteinander vergleichen

1 Lies die beiden Beschreibungen von Oliver und Gina sorgfältig durch.

a) Zeichne die vermissten Gegenstände in dein Heft.

b) Schreibe auf, was dir auffällt.

Heft 3 Seite 25 Aufgabe 1
a) ...
b) ...

1

Mäppchen gesucht!

Seit dem Unterricht am Freitag in der Schule fehlt mein Mäppchen. Mein Mäppchen ist blau und viereckig. Außen sind Nilpferde drauf. Am Reißverschluss hängt ein kleiner Fußball. An den Ecken ist es ein bisschen kaputt. Ich besitze einen roten Füller und bunte Filz- und Holzfarbstifte. Es befinden sich weder Radierer noch Spitzer darin. Mein Geodreieck und ein Foto von Gina befinden sich in der äußeren Plastikhülle.

Wer es findet, soll sich bei mir melden:
Oliver Blau, Klasse 4c

2

Mäppchen gesucht!

Mein schönes Mäppchen fehlte. Meine Oma hatte es mir zu meinem 10. Geburtstag geschenkt. Sie sagte: „Pass gut darauf auf!" Mein Mäppchen lag eigentlich immer in meinem Schulranzen oder auf einem Tisch, wenn ich schrieb. Es war rot und hatte einen Reißverschluss. Den Spitzer habe ich schon vor längerer Zeit verloren. Das war ja auch so ärgerlich! Am Wochenende wollte ich meinen Stundenplan hineinlegen.

Bitte findet es. Gina.

2 Überprüfe mithilfe des Leitfadens von Seite 23, was Gina bei ihrer Beschreibung nicht beachtet hat. Gib Gina Tipps, wie sie ihre Suchanzeige verbessern kann.

Heft 3 Seite 25 Aufgabe 2
Es fehlt die Angabe, wo Gina das Mäppchen verloren hat.
...

3 Beschreibe das abgebildete Federmäppchen. Du kannst Olivers Beschreibung als Hilfe nutzen.

Heft 3 Seite 25 Aufgabe 3
...

5 Sich mit einem Thema auseinandersetzen

1 Sieh dir das Cluster an.

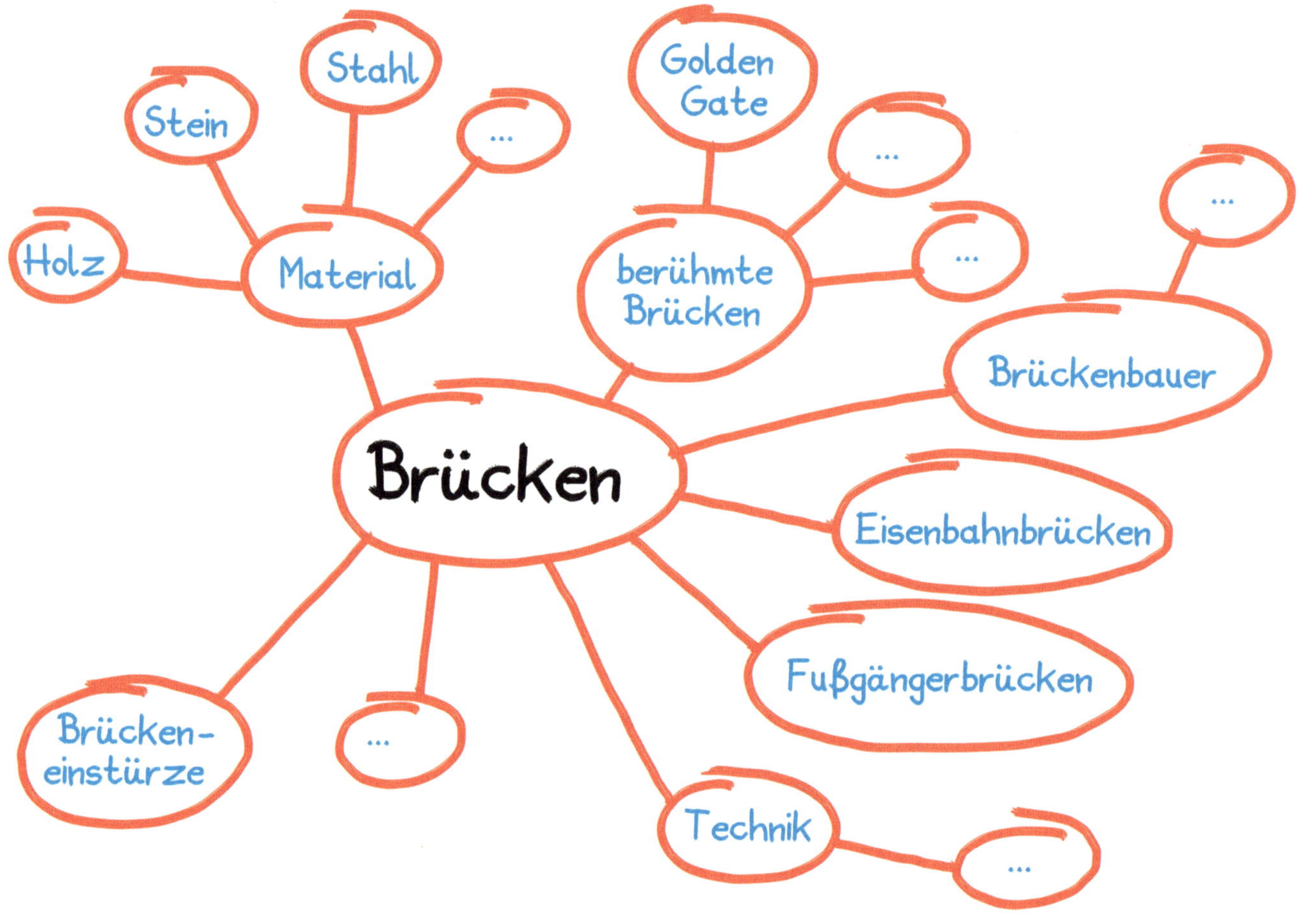

2 Übertrage das Cluster in dein Heft und ergänze es mit eigenen Begriffen.

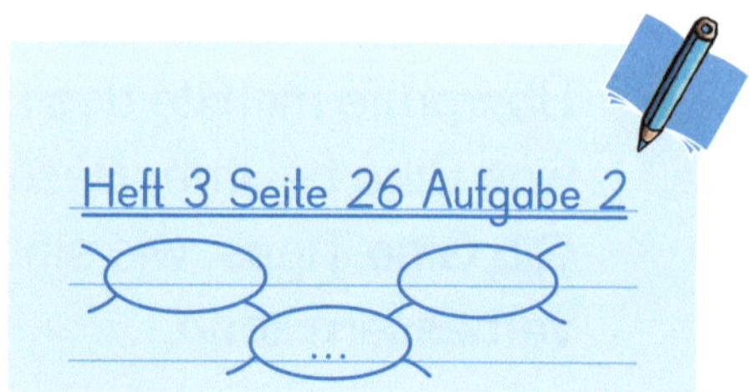

3 Suche dir andere Kinder.
Vergleicht eure Cluster und tauscht euch aus:
– Erzähle von interessanten Brücken, die du schon einmal gesehen hast.
– Erkläre, wann eine Brücke eine Brücke ist.
– Sucht nach Bildern von Brücken, fotografiert Brücken oder zeichnet Brücken.
– Haltet das Gruppengespräch in Stichpunkten oder mithilfe von Zeichnungen und Notizen fest.

4 Schreibe auf, was dich an dem Thema besonders interessiert. Begründe.

5 Ein Thema auswählen und vorbereiten

1. Suche dir ein Thema zum Sachgebiet „Brücken“ aus. Sprecht euch ab.

2. Recherchiere zu deinem Thema. Kläre alle Wörter, die du nicht verstehst und schreibe die Bedeutung auf.

Heft 3 Seite 27 Aufgabe 2
...

3. Schreibe Stichpunkte, die für dein Referat wichtig sind, auf Karteikarten. Ergänze deine Stichpunkte mit weiteren Informationen.

Thema:
Berühmte Brücken in Deutschland.
Das Thema finde ich interessant, weil ...

Einleitung:
Diese Brücken will ich vorstellen:
- Steinerne Brücke in Regensburg
- Göltzschtalbrücke zwischen Nürnberg und Leipzig
- ...

Steinerne Brücke in Regensburg
- wichtige Sehenswürdigkeit der Stadt
- wurde errichtet: ...
- Material: ...

5 Tipps gegen Lampenfieber kennen lernen

1 Lies die Tipps gegen Lampenfieber.

Alles eine Sache der Übung
Übe deinen Vortrag mehrmals. Trage ihn dir selbst, deinem Haustier, deinen Eltern oder Freunden vor, halte ihn vor dem Spiegel. Du kannst dich auch selbst aufnehmen und dann anhören. Je sicherer du bist, umso weniger Lampenfieber wirst du haben.
Noch ein Tipp: Lerne die ersten drei Sätze deines Referates auswendig, dann kommst du gut in deinen Vortrag hinein.

Suche dir Unterstützung!
Wozu hat man Freunde? Sie helfen dir bei deinem Vortrag! Besprich dich mit einem Freund oder einer Freundin in deiner Klasse. Schaue ihn oder sie dann bei deinem Vortrag an, wenn du ganz besonders aufgeregt bist.
Du bekommst Unterstützung, indem du angelächelt wirst oder dir ein aufmunterndes Nicken abholst.

Immer ruhig bleiben
Lampenfieber ist ganz normal. Lass es einfach zu und reg dich nicht noch zusätzlich darüber auf, dass du aufgeregt bist! Meist verschwindet übrigens das Lampenfieber nach ein paar Sätzen, vor allem dann, wenn du gut vorbereitet bist.
Wenn du vor deinem Referat sehr aufgeregt bist, schreibe darüber oder male ein Bild. Versuche herauszufinden, was genau dich eigentlich so ängstigt.
Hast du Angst, etwas zu vergessen? Dich zu versprechen? Ist doch alles nicht so schlimm und passiert anderen auch. Sprich mit jemandem darüber.

Die letzten Minuten
Mache dich direkt vor deinem Referat fit:
- Atme ein paar Mal tief durch. Denke: „Alles ist gut. Ich bin ganz ruhig."
- Reibe deine Hände, trample auf der Stelle, schwinge deine Arme, hüpfe ein paarmal auf und ab. Bewegung baut Stress ab.
- Denke gute Gedanken: „Alles wird gut, ich schaffe das, ich bin gut vorbereitet, alle sind gespannt auf mein Thema."

2 Werde Lampenfieber-Experte!
- Versuche, alle Tipps mit eigenen Worten wiederzugeben und hilf bei Bedarf deinen Klassenkameraden.
- Wende die Tipps bei deinem Referat an und gebe deine Erfahrung weiter.

5 Ein Referat halten und sich einschätzen

1. Entscheide, welche Medien du für dein Referat einsetzen willst. Überlege, wie du sie in deinen Vortrag einbinden willst. Achte bei Plakaten auf eine angemessene Schriftgröße und eine gute Lesbarkeit!

2. Achte bei der Vorbereitung deines Vortrags darauf, ob bestimmte Wörter (zum Beispiel Fremdwörter) für deine Mitschüler vielleicht nicht verständlich sind. Überlege dir kurze Erklärungen.

3. Übe mit deinen Moderationskarten den Vortrag.
   - Sprich deutlich.
   - Achte auf die Betonung.
   - Achte auf deine Körperhaltung: sei entspannt, aber halte dich gerade. Fuchtele nicht mit den Armen herum.
   - Suche immer wieder Blickkontakt zu deinen Zuhörern.

4. Halte deinen Vortrag. Hole dir Rückmeldungen bei den anderen Kindern.

5. Schreibe auf.
   - Was war gut an deinem Referat?
   - Warst du zufrieden mit dir?
   - Was war schwierig?
   - Würdest du jetzt etwas anders machen?

→ AH Seite 40

6 Einen Text zusammenfassen

Eine **Zusammenfassung**
schreibst du mit eigenen Worten
in der Gegenwart.
Achte auf die zeitliche Reihenfolge.

1 Lies den Leitfaden für eine Textzusammenfassung genau durch.

Text **genau lesen**:
- mindestens zwei Mal
- unbekannte Wörter nachschlagen

Stichwörter aufschreiben:
- 2–3 pro Absatz

Einen **einleitenden Satz** schreiben:
- Art des Textes, Titel und Autor nennen
- Thema des Textes in einem Satz zusammenfassen

  Die Fabel „Die Stadt- und die Landmaus“ von Aesop erzählt …

In einem **Hauptteil** das Wichtigste in eigenen Worten schreiben:
- den Ort nennen
- Personen nennen
- deine Stichwörter in kurze Sätze umwandeln

Zusammenfassung **überprüfen**:
- Zeitform: Gegenwart
- zeitliche Reihenfolge
- sachlich, ohne wörtliche Rede
- eigene Worte

2 Lies die Fabel auf Seite 31 genau. Kläre unbekannte Wörter.

3 Gliedere die Fabel in Absätze. Schreibe zu jedem Absatz zwei bis drei Stichwörter auf. Erzähle den Inhalt des Textes mithilfe deiner Stichwörter einem anderen Kind.

Heft 3 Seite 30 Aufgabe 3
Absatz 1 (Zeile 1 bis …): …

6 Die Zeitform einer Zusammenfassung beachten

1 Lies die Fabel.
Zeichne eine Tabelle in dein Heft.
Finde in der Fabel mindestens zehn Verben in der 1. Vergangenheit.
Schreibe die Gegenwartsform dazu.

Heft 3 Seite 31 Aufgabe 1

1. Vergangenheit	Gegenwart
sie lud	sie lädt
...	...

Die Stadt- und die Landmaus

Die Landmaus lud einmal ihre Freundin, eine Stadtmaus, zu sich ein. Die Landmaus bemühte sich sehr, eine gute Gastgeberin zu sein und trug alles zusammen, was sie nur finden konnte: Erbsen, Trauben, Hafer und sogar eine Ecke Speck, eine seltene Delikatesse, von der die Landmaus nur ganz selten naschte.

Die Landmaus war sehr stolz auf die vielen guten Dinge, die sie der Stadtmaus anbieten konnte. Doch die Stadtmaus war von den Leckereien, die es bei ihr zu Hause gab, so verwöhnt, dass sie alles nur beschnüffelte und kurz benagte.

„Schmeckt es dir nicht?“, fragte die Landmaus betrübt. „Greif doch zu!“

„Alles ganz vorzüglich!“, gab die Stadtmaus vornehm zurück, „aber hast du keine Schokolade? Wie sieht es mit Käse aus? Vielleicht hast du ein wenig Salami?“

Doch mit alldem konnte die Landmaus nicht dienen.

„Du solltest mit mir in die Stadt kommen“, sagte die Stadtmaus schließlich. „Ich wohne in einem Schloss, dort gibt es Essen im Überfluss und alles ist so fein und lecker, dass dir die Tränen vor Rührung über all den Luxus in die Augen schießen werden!“

Da packte die Landmaus ihre Sachen und zog mit der Stadtmaus in den Palast, in dem sich die Stadtmaus häuslich eingerichtet hatte. Im Speisesaal fanden sie auch gleich die Reste eines herrlichen Abendessens vor. Die Stadtmaus hatte Recht gehabt: So etwas Schmackhaftes hatte die Landmaus noch nie verspeist. Nein, von solchen Köstlichkeiten hatte sie noch nicht einmal zu träumen gewagt! Gerade wollte die Landmaus ein Loblied anstimmen, da betraten Menschen den Speisesaal. Die Mäuschen flohen in Todesangst und retteten sich mit Mühe und Not in den letzten Winkel des Schlosses.

Als sich die Landmaus von ihrem Schrecken erholt hatte, sprach sie zu ihrer Freundin: „Danke, das genügt. Lieber esse ich meine armseligen Erbsen in Ruhe und Frieden, als hier zwischen Leckerbissen vor Angst zu sterben.“

Und so zog sie zufrieden zurück aufs Land.

Fabel nach Aesop

2 Schreibe einen einleitenden Satz für eine Zusammenfassung des Textes, der oben auf dieser Seite steht.
Nenne die Art des Textes, den Titel und den Autor.

Heft 3 Seite 31 Aufgabe 2
Die Fabel „Die ...

6 Die Zusammenfassung zu einem Märchen schreiben

1 Nutze den Leitfaden von Seite 30 für eine Textzusammenfassung.

a) Lies dir das Märchen genau durch. Schlage unbekannte Wörter nach.

Der süße Brei

Es war einmal ein armes, braves Mädchen, das lebte mit seiner Mutter allein, und sie hatten nichts mehr zu essen. Da ging das Kind hinaus in den Wald, und es begegnete ihm da eine alte Frau, die wusste seinen Jammer schon und schenkte ihm ein Töpfchen, zu dem sollte es sagen: „Töpfchen, koche“, so kochte es guten, süßen Hirsebrei, und wenn es sagte: „Töpfchen, steh“, so hörte es wieder auf zu kochen.

Das Mädchen brachte den Topf seiner Mutter heim, und nun waren sie ihrer Armut und ihres Hungers ledig und aßen süßen Brei, sooft sie wollten.

Auf eine Zeit war das Mädchen ausgegangen, da sprach die Mutter: „Töpfchen, koche“, da kochte es, und sie aß sich satt; nun wollte sie, dass das Töpfchen wieder aufhören solle, aber sie wusste das Wort nicht. Also kochte es fort, und der Brei stieg über den Rand hinaus und kochte immerzu, die Küche und das ganze Haus voll und das zweite Haus und dann die Straße, als wollt's die ganze Welt satt machen, und war die größte Not, und kein Mensch wusste sich da zu helfen.

Endlich, wie nur noch ein einziges Haus übrig war, da kam das Kind heim und sprach nur: „Töpfchen, steh“, da stand es und hörte auf zu kochen, und wer wieder in die Stadt wollte, der musste sich durchessen.

Brüder Grimm

b) Schreibe zu jedem Abschnitt zwei bis drei Stichwörter auf. Verbinde sie mit einem roten Faden.

Heft 3 Seite 32 Aufgabe 1 b)
– armes Mädchen
– …

c) Schreibe einen einleitenden Satz. Nenne die Art des Textes, den Titel und den Autor.

d) Schreibe eine Zusammenfassung. Wandle dazu deine Stichwörter in kurze Sätze um.

Heft 3 Seite 32 Aufgabe 1 c) + d)
Das Mädchen …

e) Überprüfe deine Zusammenfassung.

→ AH Seite 48, 49

6 Eine Zusammenfassung umwandeln

1 Lies die Zusammenfassung.

Zusammenfassung der Kurzgeschichte „Die Mutprobe“.

In der Kurzgeschichte „Die Mutprobe“ geht es um drei Kinder, die eine Bande mit dem Namen „Die furchtlosen Drei“ gründen.
Die Kinder Lars, Lotte und Antonio gehen in die 4. Klasse einer Grundschule in einem Vorort in Augsburg. Um ihre Bandentauglichkeit zu testen, wollen sie gemeinsam eine Mutprobe bestehen. Sie einigen sich darauf, beim gefürchteten Herrn Schwarz in ihrer Nachbarschaft zu klingeln.
Die Mutprobe besteht darin, stehenzubleiben, bis Herr Schwarz die Tür öffnet. Dann soll einer von ihnen ganz ernst sagen, dass er die Tür bitte wieder schließen solle, weil sie vergessen hätten, davonzurennen. Wer sich nicht traut oder beim Klingeln an der Tür davonläuft, kann nicht zur Bande gehören.
Die Drei führen den Plan aus und keiner von ihnen rennt vorher davon. Wie sich herausstellt, ist Herr Schwarz gar nicht so böse wie gedacht, denn er lacht lauthals und schenkt den Kindern dann Schokolade für diesen gelungenen Scherz.

2 Schreibe die Zusammenfassung in eine Geschichte um.
- Schreibe in der 1. Vergangenheit.
- Verwende wörtliche Rede.
- Schreibe lebendig.

3 Stelle deine Erzählung anderen Kindern vor und hole dir Rückmeldung.

7 Eine Erlebnisgeschichte planen

Eine **Erlebnisgeschichte** schreibst du in der 1. Vergangenheit.
Denke an die wörtliche Rede.

1. Lies den Leitfaden für das Schreiben einer Erlebnisgeschichte genau durch.

Ein **Thema** finden:
ein Erlebnis aus den Ferien, mit Freunden, in der Schule, …

Die W-Fragen in der **Erzählsituation** beantworten:
Wer spielt bei diesem Erlebnis eine Rolle?
Wann war das Erlebnis?
Wo ist es passiert?

Das **Ereignis** erzählt ausführlich und spannend, **was** passiert:
- Einzelheiten schildern
- wörtliche Rede einfügen
- Gefühle der Personen benennen

Im **Ausgang** knapp schreiben, wie die Geschichte endet.

Eine passende **Überschrift** finden:
- neugierig machen
- nicht zu viel verraten

Erlebnisgeschichte **überprüfen:**
- Zeitform: 1. Vergangenheit
- abwechslungsreiche Satzanfänge
- treffende Adjektive
- übersichtlicher Aufbau: Absätze bei wörtlicher Rede, nach Erzählsituation, Ereignis sowie vor dem Ausgang.

2. Plane eine Geschichte.

a) Schreibe Stichwörter in dein Heft:
– Wer kommt in deiner Geschichte vor?
– Wo spielt deine Geschichte?
– Wann spielt die Geschichte?

b) Schreibe mithilfe deiner Stichwörter eine Einleitung.

Heft 3 Seite 34 Aufgabe 2
a) Wer? …
Wo? …
Wann? …
b) …

7 Den Aufbau einer Erlebnisgeschichte untersuchen

1 Lies die Erlebnisgeschichte.

Das Wunder des Lebens

Am Wochenende besuchte ich meine Oma in Waldkirchen. Sie und ich machten einen langen Spaziergang zu den Schafen. Im Frühjahr sind sie immer auf der gleichen Wiese. Dieses Jahr gab es besonders viele Lämmchen. Was für ein Durcheinander von niedlichen, wolligen Kugeln! Es war der reinste Schäfchen-Kindergarten. Auf einmal legte sich ein Schaf nieder. Es reckte den Kopf ganz seltsam in die Höhe. Ich erschrak und packte meine Oma am Arm. „Was hat das Schaf?“, fragte ich besorgt. „Ist es etwa krank?“ Die Schäferin hatte das seltsame Verhalten zum Glück auch bemerkt, kam näher, blieb aber einige Meter vom Schaf entfernt stehen und wartete. Ich wurde richtig böse. Warum half die Schäferin dem armen Schaf denn nicht? Ich beobachtete, wie unter dem Schwanz des Schafes etwas Gelbes sichtbar wurde. Es sah aus wie ein gefüllter Luftballon. Kurz darauf sah man einen zweiten roten Ballon, der etwas kleiner war. Plötzlich geschah es: ein Kopf und Vorderhufe eines Lämmchens kamen zum Vorschein! Das Schaf stand auf, drehte sich, legte sich wieder ins Gras und presste dann das Lämmchen ganz heraus. Das Lämmchen lag regungslos im Gras. Das Schaf beugte sich sofort über das winzige Wesen und begann es abzulecken. Da fing es an, sich zu bewegen. Wenige Minuten später stand es auf und versuchte auf wackeligen Beinen, bei seiner Mutter zu trinken. Ich hatte die Geburt eines Lämmchens miterlebt! Das war aufregend und schön. „Das ist das Wunder des Lebens“, sagte meine Oma und drückte meine Hand.

2 Suche dir ein Partnerkind.

a) Besprecht, was ihr unter den Begriffen **Erzählsituation**, **Ereignis** und **Ausgang** versteht.

b) Schreibt die Begriffe auf und erklärt sie.
Ordnet die Begriffe der Geschichte zu.
Schreibt die Zeilennummer auf.

Heft 3 Seite 35 Aufgabe 2b)
Erzählsituation: bis Zeile ...

3 Suche dir mit deinem Partnerkind weitere Kinder.
Vergleicht eure Ergebnisse von 2 und begründet, warum ihr so entschieden habt.

→ AH Seite 58

7 Das Ereignis aus einer anderen Sichtweise schreiben

Eine Geschichte kann, je nachdem, von wem sie erzählt wird, ganz unterschiedlich geschildert werden (= **Sichtweisen** der Beteiligten):
der mürrische Bauer ..., die aufgeregten Kühe ..., die freche Maus ...

1 Ordne die verschiedenen Sichtweisen richtig zu.

freche Maus | aufgeregte Kühe | mürrischer Bauer

Heft 3 Seite 36 Aufgabe 1
A = ...
...

Heute war mal wieder ein furchtbarer Tag. Meine Kühe regten mich so auf. Diese zappeligen Biester. Ich schrie sie an: „Wenn ihr weiterhin so wenig Milch gebt, dann soll euch der Blitz treffen!“ Und plötzlich ... **A**

Heute war ein grässlicher Tag. Beim Melken kitzelte uns diese freche Maus ständig an den Beinen. Wir konnten uns überhaupt nicht auf unsere Milch konzentrieren. Der Bauer ... **B**

Heute war ein wunderbarer Tag. Als Erstes ging ich in den Stall zu den doofen Kühen und kitzelte sie ordentlich an den Beinen. Sie stampften deshalb beim Melken furchtbar herum, sodass der Bauer ... **C**

2 Lies nochmals die Geschichte von Seite 35.
Auch die Geburt des Lammes hat jeder anders erlebt:
Für Maries Oma war es auch etwas Besonderes, für die Schäferin war es Alltag.

a) Suche dir eine Aufgabe aus und schreibe aus der Sicht der jeweiligen Person:
- Schreibe aus Sicht der Oma einen kurzen Brief an ihre Tochter (Maries Mutter).
- Schreibe aus Sicht der Schäferin eine SMS an ihren Mann, bei dem sie kurz über den Tag berichtet.
- Schreibe aus Sicht des Schafes eine Erlebnisgeschichte.

b) Lies dein Ergebnis einem anderen Kind vor.

c) Schreibe auf, ob es dir leichtfällt, andere Sichtweisen einzunehmen. Hast du Tricks?

→ AH Seite 59

7 Eine passende Überschrift finden

Die **Überschrift** einer Geschichte ist sehr wichtig. Sie soll den Leser neugierig machen und darf gleichzeitig nicht zu viel verraten.

1 Lies Janas Erlebnis.
Schreibe alle passenden Überschriften in dein Heft.

Heft 3 Seite 37 Aufgabe 1
...

Grillfest ohne Würstchen | Wie Schnuffel alle Steaks klaute | Der Grill, die Würstchen und der Hund | Das nervige Handy

Wie jedes Jahr feierten wir auch in diesem Sommer ein Sommerfest im Garten. Der Grillmeister war mein Onkel Peter. Er legte die Würstchen und das Fleisch auf den Grill. Auf einmal klingelte sein Handy. Onkel Peter nahm den Anruf an und lief in Richtung des Hauses, um ungestört zu telefonieren. Keiner merkte, dass der Grill unbewacht war. Auf diese Gelegenheit hatte unser Hund Schnuffel nur gewartet. Der Frechdachs klaute alle Würstchen vom Grill. Als meine Mutter das sah, rannte sie kreischend und mit den Armen rudernd herbei.
Aber sie kam zu spät.

Jana, 10 Jahre

2 Finde selbst eine passende Überschrift zur Geschichte aus 1 und schreibe sie auf.

Heft 3 Seite 37 Aufgabe 2
...

3

7 Ein Erlebnis spielen

1 Suche drei andere Kinder, mit denen du die Geschichte von Seite 37 spielen willst.

a) Lest gemeinsam die Geschichte nochmals durch.

b) Verteilt die Rollen: ein Erzähler, Onkel Peter, die Mutter, der Hund

c) Überlegt gemeinsam:

Was sagen die Personen?
- der Erzähler als Erklärung
- Onkel Peter, als das Handy klingelt
- die Mutter, als sie den Hund sieht
- …

Was tun die Personen (= Handlungen und Gesten) und welche Gefühle zeigen sie?
- Der Onkel baut den Grill auf, schüttet Kohle auf den Grill, macht Feuer und legt die Würstchen darauf.
- Der Onkel ist genervt, als das Handy klingelt. Er schüttelt den Kopf. …
- …

d) Schreibt eure Überlegungen als Spielszene auf.

Erzähler: Wie jedes Jahr im Sommer …
Der Onkel baut den Grill auf, schüttet Kohle auf den Grill, macht Feuer
und legt die Würstchen darauf.
Erzähler: Klingeling! Klingeling!
Onkel Peter (schaut genervt, seufzt): Das kann ja wohl nicht wahr sein. …
…

2 Spielt die Geschichte eurer Klasse vor.

7 Gefühle zuordnen

1 Lies die Textstreifen.
Zeichne eine Tabelle in dein Heft
und ordne die Gefühle richtig ein.

Heft 3 Seite 39 Aufgabe 1

Angst	Freude	beides
einen Kloß im Hals haben		
…		

- einen Kloß im Hals haben
- Schmetterlinge im Bauch fühlen
- grinsen wie ein Honigkuchenpferd
- schaudern
- Das Herz rutscht in die Hose.
- Hände und Knie zittern
- himmelhoch jauchzend
- feuchte Hände haben
- eine Gänsehaut bekommen
- Die Stimme versagt.
- fröhlich quietschen
- Herzklopfen haben

2 Ergänze die Tabelle aus 1 in deinem Heft
durch mindestens drei weitere Beispiele.

Heft 3 Seite 39 Aufgabe 2
…

3 Beschreibe mithilfe des Leitfadens von Seite 34
ein freudiges oder angsterfülltes Erlebnis.
Nutze die Wörter aus deiner Tabelle, um deine Gefühle zu beschreiben.

Heft 3 Seite 39 Aufgabe 2
…

Gerade wenn du längere Texte schreibst, achte auf eine entspannte Stifthaltung. Daumen und Zeigefinger greifen den Stift wie eine Zange. Er liegt auf dem Mittelfinger und ruht auf der Daumenmulde.

4 Stelle dein Ergebnis andern Kindern vor.
Besprecht, wie die Redensarten im Text wirken:
- Wird das Erlebnis dadurch anschaulich und lebendig?
- Passen die Bilder?

7 Formulierungen sammeln

1 Finde in beiden Geschichten die Stelle, an der es spannend wird. Schreibe die Zeilennummern und das erste Wort in dein Heft.

Heft 3 Seite 40 Aufgabe 1
Text 1, Zeile ... Wort: ...
Text 2, Zeile ... Wort: ...

1 … Nun waren wir mit dem Segelboot richtig weit draußen auf dem Meer. Wir bemerkten bislang nicht, dass der Wind immer stärker wurde. Plötzlich kam eine heftige Windböe und eine hohe Welle schwappte über das Boot. Sie erfasste Peter und riss ihn mit sich ins Meer. Ich schrie: „Ich sehe Peter nicht!“ Marlene fing an zu weinen und glaubte ihren Bruder für immer verloren zu haben. Auf einmal hörten wir einen lauten Hilferuf. Peter war hinter uns aufgetaucht und klammerte sich am Bootsrand fest …

2 … ich lief durch den stockdunklen Flur, da ich dringend auf die Toilette musste. Plötzlich hüpfte eine weiße Gestalt hinter dem Schrank hervor. Ich hörte ein lautes Klirren. Ich erschrak zu Tode und schrie so laut ich konnte: „Hilfe!“ Mein Herz klopfte. Da ging das Licht an …

2 Finde die sechs Schlusssätze.
Notiere die Buchstaben. In der richtigen Reihenfolge ergeben sie ein Lösungswort.

Heft 3 Seite 40 Aufgabe 2
...

- E So etwas konnte wirklich nur mir passieren.
- LO Als er heute Morgen aus dem Bett stieg, ahnte der Bauer, dass dieser Tag furchtbar werden würde.
- T Alles begann an einem regnerischen Morgen.
- SCH Beruhigt legte er sich ins Bett und schlief ein.
- BI Eines schönen Tages, als die Kühe gerade ihr Futter malmten, ging die Stalltür auf.
- A Eines schönen Morgens ging ich in den Stall.
- I Dieser Tag würde ihnen noch lange in Erinnerung bleiben.
- G Ende gut – alles gut.
- TE Endlich waren alle zufrieden.
- CH Zum Glück war nichts weiter passiert.

3 Findet gemeinsam mit anderen Kindern selbst für Einleitung, Ereignis und Ausgang passende Formulierungen und Sätze.
Sammelt eure Ergebnisse schriftlich (zum Beispiel auf Karteikarten).

7 Eine Erlebnisgeschichte schreiben

1 Schreibe mithilfe des Leitfadens von Seite 34 eine Erlebnisgeschichte. Wähle aus den folgenden Angeboten eines aus oder verwende eine eigene Idee.

Heft 3 Seite 41 Aufgabe 1
...

Mein lustigster Streich

Mein bester Freund und ich

Mein schönstes Ferienerlebnis

Als ich einmal vor Lachen Bauchschmerzen hatte

2 Suche dir für eine Schreibkonferenz mindestens zwei Kinder, mit denen du deine Geschichte überarbeitest.

3 Überarbeite deine Geschichte. Achte beim Schreiben auf eine übersichtliche Darstellung und eine schöne Schrift. Füge Absätze ein. Du kannst auch auf dem Computer schreiben.

4 Sammelt eure Geschichten in einem Klassen-Geschichtenbuch.

8 Verschiedene Gedichtformen erkennen

1 Ordnet immer zwei Merkmale den Gedichten zu. In der richtigen Reihenfolge ergeben die Buchstaben die Art des Gedichts.

Heft 3 Seite 42
Aufgabe 1
A = Abzählvers
B = …

Gelbgrüne Kirschen
in dunkelgrünem Blattwerk
eine errötet
Heike Stehr D

One and two, three, four and five.
Once I caught a fish alive.
Six and seven, eight, nine, ten.
Then I let it go again. A

Der Schnupfen C

Ein Schnupfen hockt auf der Terrasse,
auf dass er sich ein Opfer fasse

– und stürzt alsbald mit großem Grimm
auf einen Menschen namens Schrimm.

Paul Schrimm erwidert prompt: „Pitschü!“
und *hat* ihn drauf bis Montag früh.

Christian Morgenstern

Gelb
strahlender Sonnenschein
oben am Himmel
warm auf meiner Haut
Sommer B

- Das Gedicht wird gebraucht, um ein Kind aus einer Gruppe auszuwählen. LVERS
- In sich reimenden Zeilen gibt es gleich viele Silben. REIMG
- Das Gedicht nennt als erstes Wort eine Farbe. ELFC
- Das Thema des Gedichts ist die Natur. IKU
- Das Gedicht besteht aus elf Wörtern in fünf Zeilen. HEN
- Die letzten Wörter von zwei aufeinander folgenden Zeilen reimen sich. EDICHT
- Das Gedicht hat insgesamt 17 Silben. HA
- In dem Gedicht stehen betonte und unbetonte Silben abwechselnd. ABZÄH

2 Wähle eine Gedichtart aus und schreibe ein eigenes Gedicht in dein Heft. Achte auf die Merkmale. Bilde dann eine Schreibkonferenz mit einem Aufbau- und einem Rechtschreibexperten.

Heft 3 Seite 42 Aufgabe 2
…

→ AH Seite 65

8 Mit Sprache spielen

1 Lies das Gedicht.

ottos mops

ottos mops trotzt
otto: fort mops fort
ottos mops hopst fort
otto: soso

otto holt koks
otto holt obst
otto horcht
otto: mops mops
otto horcht

ottos mops klopft
otto: komm mops komm
ottos mops kommt
ottos mops kotzt
otto: ogottogott

Ernst Jandl

2 Suche dir ein Partnerkind.
Besprecht gemeinsam, was das Besondere an dem Gedicht ist.

3 Tauscht euch über eure Überlegungen von 2 mit weiteren Kindern aus. Sammelt gemeinsam Wörter zu anderen Vokalen.

Heft 3 Seite 43 Aufgabe 3
a: Anna, Augsburg, Alm, anders ...
e: Esel, Erde, redet, betet, ...

4 Schreibe selbst ein Gedicht mit einem Vokal.
Übertrage es in deiner schönsten Schrift auf ein gestaltetes Schmuckblatt.
Stelle dein Gedicht anderen Kindern vor.

Heft 3 Seite 43 Aufgabe 4
...

8 Ein Parallelgedicht schreiben

1 Lies die Gedichte.

Die Wut des Niesens

Tesch
Haisch
Tschia
Haisch
Haisch
Happaisch
Happapepaisch
Happapepaisch
Happapepaisch
Happa Peppe
Tschaa!

Kurt Schwitters

Fisches Nachtgesang

—
◡ ◡
— — —
◡ ◡ ◡ ◡
— — —
◡ ◡ ◡ ◡
— — —
◡ ◡ ◡ ◡
— — —
◡ ◡ ◡ ◡
— — —
◡ ◡
—

Christian Morgenstern

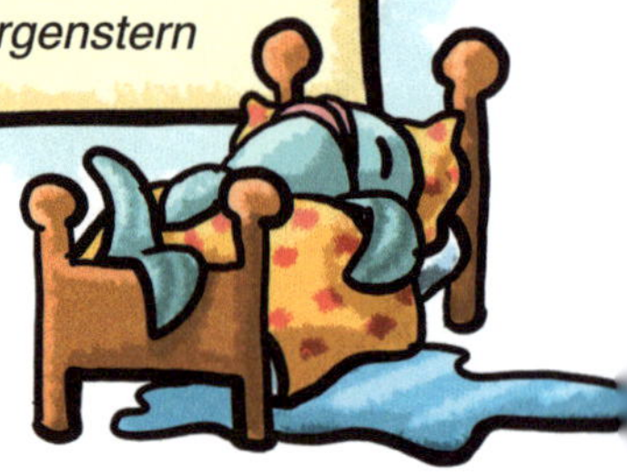

2 Suche dir ein Partnerkind und einigt euch auf ein Gedicht. Überlegt, was das Gedicht so besonders macht und wie hier mit der Sprache gespielt wird.

3 Schreibe ein Parallelgedicht:
Du versuchst, nach dem gleichen Muster ein eigenes Gedicht zu schreiben.
- Zum Beispiel kannst du über den „Ärger des Hustens“ schreiben, „Anfang und Ende des Schluckaufs“ oder „die Frechheit des Hals-Frosches“ …
- Du kannst den Fischgesang mit Geräuschen oder Wörtern übersetzen oder dir den Morgengruß der Wale ausdenken, oder …

4 Stelle dein Ergebnis anderen Kindern vor und hole dir Rückmeldung. Vergleiche dein Ergebnis mit dem Ergebnis anderer Kinder.

8 Fantasiegeschichten anregen

In einer Fantasieerzählung werden die Grenzen der Wirklichkeit überschritten, es passieren fantastische und unwirkliche Dinge. Doch auch eine Fantasiegeschichte soll für den Leser weiterhin nachvollziehbar bleiben.

1 Betrachte die Bilder genau.
Überlege, was du tust,
was du denkst und was du fühlst.
Schreibe zu jedem Bild
mindestens drei Sätze in dein Heft.
Die Fragen können dir helfen.

Heft 3 Seite 45 Aufgabe 1
…

Stell dir vor, du bist auf dem Mars gelandet.
Wie sieht es dort aus?
Wer könnte dort leben?
Was ist mit deinem Raumschiff?

Stell dir vor, du bist in einem Zaubergarten.
Wer ist dort?
Wie sieht es dort aus?
Ist es dort gefährlich?

Stell dir vor, du bist unsichtbar.
Was tust du?
Was tun Personen, die du triffst?
Was kannst du noch tun?

2

8 Eine Fantasiegeschichte weiterschreiben

1 Lies die Geschichte.

Der vergessene Zauberspruch

Es war Viehscheid und ich war ein wenig aufgeregt und auch ein wenig traurig. Ihr wisst nicht, was Viehscheid ist? So nennt man den Tag, an dem wir Kühe nach einem Sommer auf der Alm abwärts zurück ins Dorf getrieben werden, um dann in unseren Stallungen zu überwintern. An diesem Tag wurde ich von Greta, der kleinen Tochter des Bauern, liebevoll geschmückt. „Du bist einfach unsere schönste Kuh, Liesel", flüsterte sie mir zu. Ich war sehr geschmeichelt und bimmelte fröhlich mit meiner Glocke. Als Greta gegangen war, beugte ich langsam meinen Kopf, um noch ein wenig frisches Gras zu kauen, bevor ich den Winter nur noch Heu bekommen sollte. Da sah ich plötzlich, wie eine kleine, graue Maus zu mir durch das Gras huschte. „Bitte nicht!", stöhnte ich innerlich. Das war Zwiesel, ein griesgrämiges, zänkisches Tierchen, das uns vom Bauernhof im Dorf bis hier in die Sommerfrische gefolgt war. Die hatte mir gerade noch gefehlt!
„Du siehst ja schick aus!", zischte mir die Maus zu. „Viel zu schön für eine so blöde Kuh!"
Ich beachtete Zwiesel nicht weiter, denn wenn sie in einer solchen Stimmung war, blieb einem nichts anderes übrig, als ruhig und gelassen zu bleiben. Manchmal verschwand sie dann schnell wieder. Aber diesmal schien meine Taktik nicht zu funktionieren.

„Es ist doch zum Mäusemelken", sagte sie zu mir. „Ich werde es einfach nie verstehen. Schau mich an! Ich bin so süß, so klein, so zierlich und du bist so ein dummes Trampeltier. Mit wem redet Greta? Wer wird geschmückt? Wer hinter den Ohren gekrault? Du, du, du. Aber jetzt wirst du gleich staunen!"
„Ach ja?", dachte ich gelangweilt. Doch dann weiteten sich meine Augen. Erst jetzt bemerkte ich den Zauberstab, den Zwiesel in ihren winzigen Pfoten hielt.

2 Schreibe die Geschichte passend zur Überschrift weiter.

Heft 3 Seite 46 Aufgabe 2
...

8 Über das eigene Schreiben nachdenken

1 Sieh dir das Cluster an.

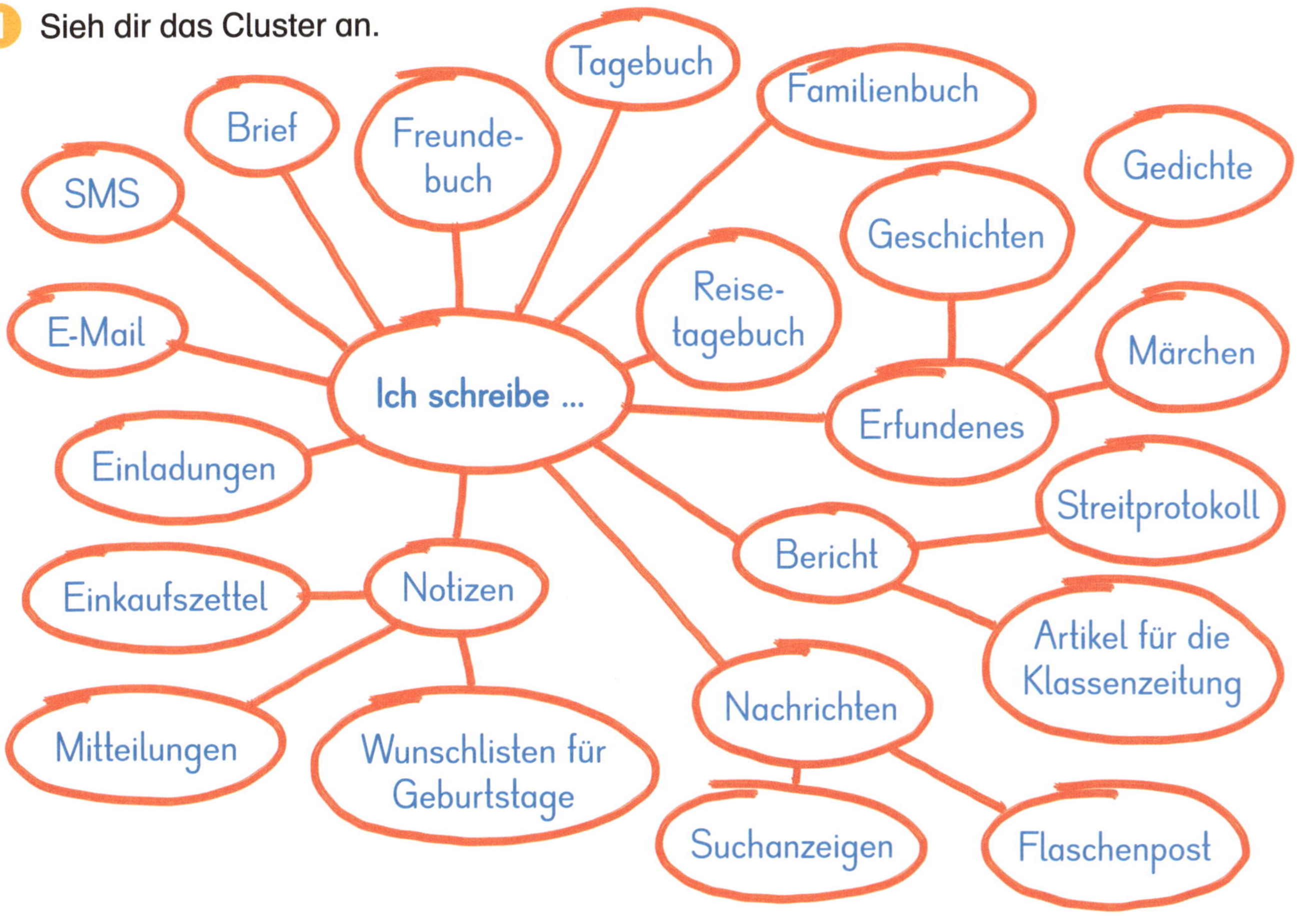

2 Ordne die Begriffe den Adressaten zu.
Du kannst deine Liste mit eigenen Begriffen ergänzen.

Heft 3 Seite 47 Aufgabe 2
Ich schreibe für mich:
Tagebuch, …

Ich schreibe für mich:

Ich schreibe für meine Freunde:

Ich schreibe für meine Familie:

Ich schreibe für die Schule:

Ich schreibe für „Fremde“:

Manche Begriffe kannst du mehreren Adressaten zuordnen.

3 Unterstreiche grün, was du selbst schon einmal geschrieben hast.
Vergleiche dein Ergebnis von 2 mit anderen Kindern.
Tauscht euch über euer Schreiben aus:
Erzählt und haltet schriftlich fest, was und warum ihr gerne schreibt.

Einsterns Schwester 4

Grundschule Bayern

Themenheft 3
Schreiben

Herausgegeben von:	Roland Bauer, Jutta Maurach
Erarbeitet von:	Iris Samajdar, Augsburg
Auf der Grundlage der Ausgabe von:	Katrin Baudendistel, Daniela Dreier-Kuzuhara
Unter Beratung von:	Enno Hörsgen, Langerringen; Dr. Klaus Metzger, Gersthofen; Dr. Helga Rolletschek, Brunnthal; Prof. Dr. Angelika Speck-Hamdan, München
Redaktion:	Anemone Fesl
Illustration:	Yo Rühmer, Frankfurt am Main
Umschlaggestaltung:	Cornelia Gründer, agentur corngreen, Leipzig
Layout und technische Umsetzung:	lernsatz.de

www.cornelsen.de

1. Auflage, 1. Druck 2016

Alle Drucke dieser Auflage sind inhaltlich unverändert
und können im Unterricht nebeneinander verwendet werden.

Druck: Mohn Media Mohndruck, Gütersloh

ISBN: 978-3-06-083610-9

Dieses Heft ist Bestandteil des Pakets „Einsterns Schwester 4" (ISBN 978-3-06-083606-2) und kann auch einzeln bestellt werden.

PEFC
PEFC/04-31-1033

PEFC zertifiziert
Dieses Produkt stammt aus nachhaltig bewirtschafteten Wäldern und kontrollierten Quellen.
www.pefc.de